El puma

El puma

Melissa Gish

Vida salvaje

CREATIVE EDUCATION

CREATIVE PAPERBACKS

Publicado por Creative Education y Creative Paperbacks
P.O. Box 227, Mankato, Minnesota 56002
Creative Education y Creative Paperbacks son marcas
editoriales de Creative Company
www.thecreativecompany.us

Diseño de Tom Morgan (www.bluedes.com)
Dirección de arte de Rita Marshall
Producción de Ciara Beitlich
Editado de Jill Kalz
Traducción de TRAVOD, www.travod.com

Fotografías de Alamy (Bruce Coleman Inc, Buddy Mays, Moviestore collection Ltd, Papillo),
ClipArtPal (Public Domain), DepositPhotos (Baranov_Evgenii), Dreamstime (Kristof Degreef,
Jens Klingebiel), Flickr (Audubon, John James/Bio Diversity Heritage Library, Mary F. Bailey/
Bio Diversity Heritage Library, Bio Diversity Heritage Library, juan pratginestUs) Getty (Barbara
Hesse, Oxford Scientific, Staublund Photography), iStock (Evgeny555, Images in the Wild, James
Michael Kruger, Alexey Stiop, Denis Jr. Tangney), Library of Congress (Public Domain), PennState
University Libraries (Madeleine-Thérèse Rousselet, after Jacques de Sève), Shutterstock
(Volodymyr Burdiak, Geoffrey Kuchera, S.R. Maglione, Warren Metcalf, Scott E Read, rook76,
worldswildlifewonders), Wikimedia Commons (Public Domain, Andres Quandelacy)

Library of Congress Cataloging-in-Publication Data
Names: Gish, Melissa, author.
Title: El puma / Melissa Gish.
Other titles: Cougars. Spanish
Description: Mankato, Minnesota : Creative Education and Creative
  Paperbacks, [2024] | Series: Vida salvaje | Includes index. | Audience:
  Ages 10–14 | Audience: Grades 7–9 | Summary: "Brimming with photos and
  scientific facts, Cougars treats middle-grade researchers and wild
  animal lovers to a comprehensive zoological profile of this marvelous
  mammal. Translated into North American Spanish, it includes sidebars, a
  range map, a glossary, and an American Indian tale about the big cat"—
  Provided by publisher.
Identifiers: LCCN 2022051137 (print) | LCCN 2022051138 (ebook) | ISBN
  9781640267374 (library binding) | ISBN 9781682772973 (paperback) |
  ISBN 9781640009035 (ebook)
Subjects: LCSH: Puma—Juvenile literature.
Classification: LCC QL737.C23 G514518 2024 (print) | LCC QL737.C23
  (ebook) | DDC 599.75/24—dc23/eng/20221122

Impreso en China

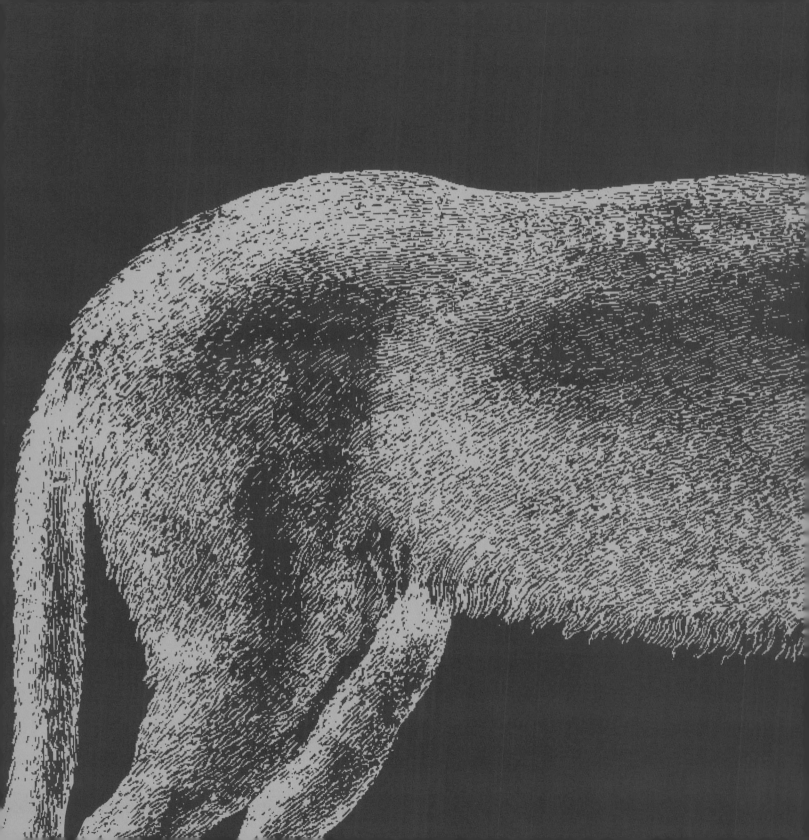

CONTENIDO

de un pequeño cañón. Está acechando a un venado bura. El venado, ajeno a la presencia del felino, se detiene a mordisquear las hojas verde oscuro y las ramas blandas de un arbusto. De repente, el puma salta de la cornisa y aterriza en la espalda del venado, estrellándolo contra el suelo. La mandíbula del felino sujeta al venado por la garganta y le corta el suministro de aire. El animal muere rápidamente. Entonces, el puma arrastra a su presa pendiente abajo hasta una zona apartada. Allí se da un festín con la carne suave del venado. Cuando el puma tiene la panza llena, empuja ramitas y patea la hojarasca para cubrir los **restos**. El felino regresará a este escondite durante los próximos días para seguir alimentándose de la presa.

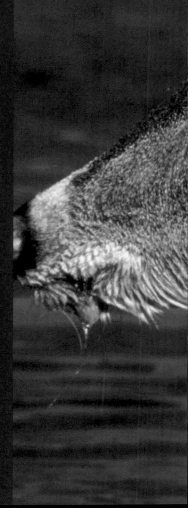

Con su fuerte mandíbula y la fuerza de sus músculos, el puma puede matar y arrastrar animales de presa que pesan hasta siete veces su propio peso.

El puma puede adaptarse con la misma facilidad a la vida en desiertos a nivel del mar y en bosques de montaña a una altura de 10.000 pies (3.048 metros).

Felino escalador

El puma es el miembro más grande de la subfamilia Felinae, que también incluye al guepardo de África, al ocelote de América Central y América del Sur, al lince de América del Norte y a alrededor de otros 30 pequeños felinos, entre ellos, los gatos **domesticados**.

El pariente más cercano del puma es el jaguarundi, que se encuentra desde el sur de Texas hasta América del Sur y es el único otro felino que, junto con el puma, pertenece al género *Puma*. A diferencia de sus primos más grandes, los leones, los tigres y los leopardos, los pumas no rugen. En cambio, vocalizan con gruñidos, chillidos y gritos.

El puma tiene más apodos que ningún otro animal en América del Norte. Dependiendo de la región, se le conoce como puma, león de montaña, pantera y muchos otros nombres. El nombre de «pantera» lo comparte con otro pariente suyo, el jaguar, y con el leopardo. El nombre científico del puma es *Puma concolor*. El nombre del género, *Puma*, es una palabra derivada del nombre que la civilización quechua de Perú le daba a estos felinos salvajes. El nombre de la especie, *concolor*, es una palabra del latín que significa «de un solo color».

Por ser sumamente **adaptable**, el puma es el gran depredador con más presencia en todo el continente americano. Puede sobrevivir en las escarpadas laderas montañosas desde el norte en el Territorio del Yukón en Canadá hasta el sur en la Cordillera de los Andes en Venezuela, así como en los bosques, cañones y desiertos elevados entre estos dos extremos. Hay seis subespecies de pumas, cada una definida por su ubicación geográfica. El puma argentino y el puma costarricense son nativos de Argentina y Costa Rica, respectivamente. El puma del norte de América del Sur se encuentra desde Perú hasta el norte de Brasil, y el puma sudamericano del sur vive en las regiones australes del continente. El territorio del puma del este de América del Sur se extiende desde el sudeste de Brasil hasta el norte de Argentina. La subespecie de América del Norte es el puma que mayor territorio tiene: desde Columbia Británica, pasando por los Estados Unidos hasta el sur de México. Estos pumas se encuentran principalmente en la mitad occidental del continente, con poblaciones dispersas en los Montes Apalaches y una pequeña población que lucha por sobrevivir en el estado de Florida.

Los pumas de Florida, llamados oficialmente panteras de Florida, son más pequeños que los pumas de otras regiones de América del Norte y alguna vez se les consideró como una subespecie separada. Sin embargo, pruebas recientes de **ADN** revelaron que estos animales son idénticos a los pumas que habitan otras regiones de América del Norte. Esta nueva información hizo que se retirara a la pantera de Florida de la Lista Roja de Especies Amenazadas que publica anualmente la Unión Internacional por la Conservación de la Naturaleza. Los científicos temen que la pantera de Florida pueda desaparecer si se abandonan las medidas de protección. A pesar de los esfuerzos de conservación, la pérdida de hábitat y las colisiones con vehículos han contribuido a la disminución continua de la pantera de Florida.

Los pumas encuentran un hogar en muchos parques nacionales de EE. UU., entre ellos el Gran Cañón en Arizona y el Red Cliffs en Utah.

El puma puede saltar unos 40 pies (12 m) horizontalmente y 20 pies (6,1 m) verticalmente.

En qué parte del mundo vive

Las seis subespecies de puma, clasificadas según su ubicación geográfica, se distribuyen a lo largo y ancho del continente americano. Los pumas argentino y costarricense se encuentran solo en sus respectivos países, pero el puma norteamericano se extiende desde el oeste de Canadá hasta México. Entre tanto, los pumas sudamericanos del norte, del sur y del este viven en las regiones de América del Sur de donde toman su nombre.

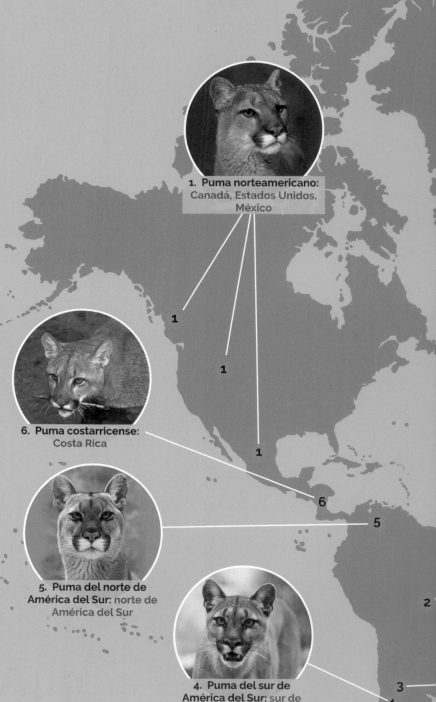

1. Puma norteamericano: Canadá, Estados Unidos, México

6. Puma costarricense: Costa Rica

5. Puma del norte de América del Sur: norte de América del Sur

4. Puma del sur de América del Sur: sur de América del Sur

1

1

1

6

5

2

3

4

2. **Puma del este de América del Sur:** Brasil

3. **Puma argentino:** Argentina

Al caminar, el puma suele colocar su pata trasera en la huella previamente hecha por su pata delantera.

Mientras exploraba Florida en 1528, el español Álvar Núñez Cabeza de Vaca se convirtió en el primer europeo en América del Norte en ver un puma.

El puma es un animal musculoso con piernas largas y poderosas y patas anchas y redondeadas. El tamaño de su cuerpo está relacionado con el clima en el que vive y con su principal fuente de alimento. Donde las temperaturas son más frías y las presas más grandes, el puma es más pesado. Por ejemplo, la pantera de Florida macho comúnmente pesa alrededor de 130 libras (59 kilogramos), pero los pumas del noroeste de Estados Unidos y Canadá pesan en promedio unas 200 libras (91 kg). Las hembras son más pequeñas y comúnmente pesan entre 75 y 120 libras (34-54 kg). Los pumas miden entre 24 y 30 pulgadas (61-76 centímetros) de altura en los hombros y pueden llegar a medir aproximadamente 6 pies (1,8 metros) de largo. Si se cuenta la cola, pueden medir unos 2 pies (61 cm) más.

Excepto por los humanos, el puma tiene pocos enemigos naturales. Este felino suele compartir su hábitat y sus fuentes de alimento con solo otros dos grandes depredadores: el oso pardo y el lobo. Un oso pardo adulto puede pesar 1.500 libras (680 kg) y, aunque un lobo comúnmente no pesa más de 80 libras (36 kg), un puma no es rival para los lobos que cazan en manada. Cuando sucede algún conflicto entre un puma y un competidor, el puma casi siempre huye, aun si esto significa abandonar su comida. Los pumas pueden acabar siendo ellos mismos la presa, pues no son lo suficientemente fuertes para defenderse de los osos y a menudo no pueden escapar de una manada de lobos.

El color de los pumas varía del leonado claro al pardo rojizo. El color principal de su pelaje, en combinación con las marcas oscuras en las orejas y el hocico, y en la punta de la cola, le sirve al puma de **camuflaje**. En hábitats

Las patas anchas y la poderosa zancada del puma norteamericano le permiten moverse dando saltos por la nieve con facilidad.

desérticos como en los estados de Nuevo México y el sur de Texas, el pelaje claro del puma se confunde con las rocas del paisaje, y en ambientes arbolados, como en el Parque Nacional de las Montañas Rocosas, los pumas de pelaje oscuro pueden prácticamente desaparecer entre la línea de árboles o la ladera de las montañas. Los pumas suelen tener el pelaje oscuro en el lomo y claro en la parte de abajo. Este tipo de camuflaje, llamado contracoloración, es una ventaja para los pumas, que suelen saltar sobre sus presas desde lo alto de rocas y cornisas. Cuando la luz ilumina al puma desde arriba, crea una sombra en su parte inferior más clara que lo hace más difícil de detectar desde abajo.

Al igual que todos los felinos, el puma se lame las patas, los hombros y las caderas, cubriendo su pelaje con saliva húmeda que se **evapora** para refrescar su cuerpo.

El puma es un animal crepuscular, lo que significa que está más activo durante las horas de penumbra del amanecer y el anochecer. El puma tiene una buena visión nocturna y puede ver en la penumbra. Sus ojos están equipados con una capa reflectora de tejido llamada tapetum lucidum. Este tejido recoge la luz y la concentra en el centro de la **retina**, lo que le permite al puma ver mucho mejor que los humanos en condiciones de muy poca luz. El tapetum lucidum provoca un brillo en los ojos, es decir, que cuando la luz apunta directamente hacia los ojos del animal, estos reflejan un color. El brillo de los ojos del puma suele ser amarillo brillante o dorado.

El brillo de los ojos del puma puede ser amarillo (como se ve aquí) o verde; tal vez dependa del tipo de luz que ilumine sus ojos.

Como todos los felinos, el puma tiene cuatro dedos en cada pata y garras **retráctiles** para capturar y sujetar a su presa. Es carnívoro estricto, lo que significa que jamás come plantas. Su mandíbula poderosa y sus 28 dientes están especializados para comer carne. Cuatro dientes caninos están diseñados para sujetar a la presa, y cuatro muelas carniceras, que están situadas más atrás en la mandíbula, se usan como tijeras para cortar la carne y los tendones (tejidos flexibles que unen los músculos a los huesos). Para devorar su comida con mayor eficiencia, el puma tiene, además, unas proyecciones filosas en la lengua, llamadas papilas, que usa como rallador para raspar la carne y el suave tuétano grasoso de los huesos de su presa. Al igual que otros felinos, el puma no come huesos. Si un puma se rompiera sus caninos o muelas carniceras, con el tiempo moriría de inanición.

Puma astuto

El puma duerme entre 12 y 20 horas diarias, escondido en cuevas, en grietas de las rocas y entre los pastizales, y caza de madrugada o a la noche. El puma suele cazar una amplia variedad de presas que varían según la región geográfica. El venado es, por mucho, el alimento preferido del puma. En todo Estados Unidos, los pumas suelen cazar venados cola blanca, y en América del Sur acechan a pudúes y ciervos de los pantanos.

Aunque el puma es capaz de correr a velocidades de hasta 40 millas (64 kilómetros) por hora, prefiere acercarse sigilosamente a su presa. Gruesas almohadillas en la parte inferior de sus patas le proporcionan amortiguamiento mientras se arrastra silenciosamente hacia su víctima. El puma acecha a la presa a uno o dos saltos de distancia y luego lanza un ataque de alta velocidad para tumbarla. Aunque suele caer desde una posición elevada sobre el lomo del animal que será su presa, el puma también puede cubrir hasta 30 pies (9,1 m) de un solo salto horizontal para atraparlo.

Caer con todas sus fuerzas sobre un animal pequeño generalmente es suficiente para matarlo. Con animales más grandes, el puma lanza una mordida fuerte en la base del cráneo para romper el cuello de la presa. La mordida es tan fuerte que el puma puede matar al instante a una presa tan grande como un alce o un bisonte de 600 libras (272 kg). El puma evita aterrizar adelante de su presa, ya que una patada de un animal grande y con pezuñas podría romperle la espalda o las costillas.

Las patas delanteras del puma son más grandes que las patas traseras y cada pata tiene almohadillas bajo los dedos y en el talón.

Un puma macho lame y muerde la nuca de la hembra como una forma de expresar dominación.

El puma está considerado como un depredador alfa, lo que significa que se encuentra en lo más alto de la **cadena alimenticia**. Los felinos también contribuyen a la salud de sus comunidades al cazar animales enfermos, lesionados o viejos. Contrario a lo que se suele creer, los pumas no acechan ni cazan a los humanos. Cuando los pumas se topan con humanos, el resultado puede ser incierto, pero, en general, los pumas prefieren evitar el contacto con los humanos en la medida de lo posible.

El puma es un animal solitario que vive solo y en un área en particular denominada su área de acción. Mientras que el área de acción de un puma macho tiene una extensión promedio de 116 millas cuadradas (300 km cuadrados), el área de acción de una hembra suele medir la mitad. Para marcar los límites de su área de acción, el puma junta pilas de agujas de pino, hojas secas y tierra, y luego las rocía con orina. El puma también hace profundos tajos en los árboles con sus garras y los marca con el olor que desprenden las glándulas que tiene en la cara y en las almohadillas de las patas delanteras.

Los machos patrullan constantemente su territorio, marcando una y otra vez los límites. Por su parte, las hembras viajan poco y marcan con su olor los límites, pero solo ocasionalmente. Los pumas pueden tener dos áreas de acción y **migrar** entre ellas según la estación. En el verano, tanto el puma como sus presas viven en partes más elevadas, pero cuando en invierno los animales que le sirven de presa descienden hacia los bosques protegidos de los valles, el puma hace lo mismo.

Las hembras y los machos por lo general no interactúan, excepto durante el cortejo y el apareamiento. Las hembras alcanzan la madurez a los dos años de edad y los machos a los tres o cuatro. Los machos son atraídos hacia una hembra que está lista para aparearse por un olor determinado que ella libera cuando marca el territorio con su orina. Las hembras también anuncian que están listas para aparearse al hacer fuertes vocalizaciones que suenan como gritos humanos. Los pumas son poliéstricos, lo que significa que pueden aparearse todo el año. Un macho y una hembra pasarán juntos alrededor de 14 días, en los que cazarán y dormirán juntos, en un ritual de unión. Se aparearán varias veces para asegurar el éxito. Después, el macho abandonará a la hembra y repetirá este patrón con varias otras hembras a lo largo del año. Las hembras eligen a un compañero tan solo una vez cada dos años.

Antes de dar a luz, la hembra elige un sitio apartado como guarida — un lugar protegido como una cornisa rocosa elevada o una cueva — donde ella y sus crías puedan estar a salvo de los depredadores. La hembra recubre la guarida con plantas suaves, hojas y musgo. Después de 82 a 98 días, la hembra da a luz a hasta 6 cachorros. Al nacer, los cachorros pesan tan solo unas 14 onzas (397 gramos). Tienen manchas oscuras en su pelaje y anillos en la cola, lo que les sirve de camuflaje. Tienen ojos azules que no se abren sino hasta que cumplen 10 días. Conforme crecen, sus ojos se irán oscureciendo hasta un color café dorado y las manchas y los anillos de su pelaje desaparecerán.

Desde que nacen, los cachorros se comunican con su madre. Maúllan igual que los gatos domésticos y la madre les silba como respuesta. Los pumas también ronronean, pero mucho más fuerte que los gatos domésticos. Los cachorros dependen de la leche de su madre para nutrirse durante los primeros tres meses de vida, pero ya a las seis semanas de nacidos, su madre les presenta la carne al llevar alguna presa a la guarida para que los cachorros coman.

Las pumas hembra crían solas a sus cachorros, sin ninguna ayuda de los machos.

Los pumas viven en una guarida fija solo cuando sus cachorros son muy pequeños. Después de eso, su hogar será cualquier lugar en que se encuentren.

Para enseñarles a los pequeños a cazar, la madre les lanza con sus patas trozos de comida por el suelo, animando a sus cachorros a que salten sobre ellos. Una vez **destetados**, a los tres meses de edad, los cachorros empezarán a acompañar a su madre en las cacerías. Aprenden a acechar y a capturar presas imitando los movimientos de su madre y practicando con presas pequeñas como ratones y conejos.

Cuando tienen 9 meses de edad, los cachorros de puma ya pueden defenderse por sí mismos; sin embargo, permanecen con sus madres 12 o 15 meses más. A los pequeños pumas les toma tiempo afinar sus habilidades de caza, así que seguirán cazando con su madre y compartiendo las presas con ella hasta que cumplan dos años de edad. Para entonces, los pequeños pumas ya habrán crecido por completo y su madre los echará de la guarida. Los pequeños partirán solos en busca de territorios aún no reclamados o que hayan sido abandonados por pumas que murieron o se mudaron. A una hembra se le puede permitir que tome una parte del área de acción de su madre y se adueñe de ella, pero los machos deberán irse lejos para no competir con los machos mayores de la zona.

Los incas crearon este símbolo de la pata del puma en Sacsayhuamán, un complejo rocoso cerca de Cusco, Perú.

Es principalmente durante este período, cuando los jóvenes pumas deambulan extensamente en busca de territorio, que se topan con los humanos. En la naturaleza, los pumas pueden vivir entre 12 y 15 años, pero en cautiverio pueden vivir más de 25 años.

FRAGMENTO DE «PUMA»

¡Nunca volverá ella a trepar por esta senda, con el dorado destello del puma que pega un gran salto!
¡Ni su luminosa cara de rayada escarcha vigilará nunca más desde la umbría cueva de la rojiza roca anaranjada,
Por encima de los árboles en el abra fosca del valle lobuno!

En su lugar, soy quien vigila.
Y más allá, la opacidad del desierto, cual ensueño que jamás se volverá realidad;
Y las nieves de los Montes Sangre de Cristo, el hielo de las Montañas de Pícoris,
Y casi de medio a medio, en la opuesta eminencia helada, los frondosos árboles inmóviles entre la nieve, cual juguetes navideños.

Y pienso que en este vacío mundo había espacio suficiente para mí y aquella puma.
Y pienso que en la tierra que más allá se extiende podríamos con entera facilidad desprendernos de uno o dos millones de seres humanos sin extrañarlos jamás.
Empero, ¡qué vacío deja en el mundo la desaparecida cara blanca escarchada de la flaca puma amarilla!

— de D. H. Lawrence (1885–1930), traducción de Carlos Antonio Castro

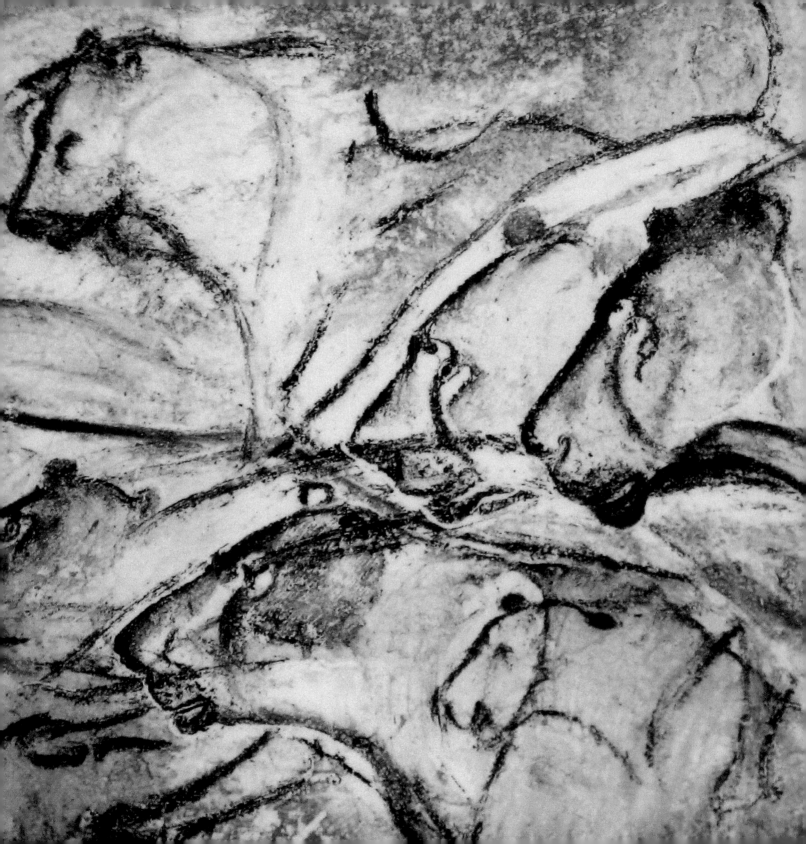

El silencioso

Hace mucho tiempo, en América del Sur, el puma simbolizaba fortaleza y astucia. Han aparecido imágenes de pumas en tallas de piedra y piezas de alfarería de la época del pueblo mochica, habitantes del antiguo Perú del año 100 al 400 d. C.

En Bolivia, Puma Punku es el sitio de un antiguo templo construido a finales del siglo VI. Su nombre significa «portal del puma» en la lengua de los aymaras, grupo cultural originario de Bolivia, Perú y Chile. Puma Punku está ubicado en Tiahuanaco, cerca del lago Titicaca, lago cuyo nombre a veces se ha traducido como «roca del puma». Hasta nuestros días, los habitantes de esta región veneran al puma como una importante figura espiritual de su religión.

La civilización inca existió durante más de 100 años y alcanzó su esplendor a principios del siglo XV. Los incas decidieron diseñar su ciudad capital, Cusco, con la forma de un puma. También incluían a estos felinos salvajes en tallas de piedra, esculturas y otras piezas de arte. Hoy en día, Cusco sigue honrando al puma a través de su arte y su arquitectura.

Antes de que existiera la palabra escrita, los pueblos de la antigüedad dibujaban en las paredes de las cuevas para registrar historias de los animales a su alrededor.

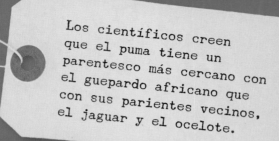

Los científicos creen que el puma tiene un parentesco más cercano con el guepardo africano que con sus parientes vecinos, el jaguar y el ocelote.

Mucho antes de que los europeos llegaran al Nuevo Mundo, prácticamente todos los pueblos **indígenas** de América del Norte, excepto los del Ártico, aceptaban a los pumas como parte de su vida. Como depredadores superiores, los pumas eran considerados contribuyentes vitales del ciclo de la vida. Se los cazaba por su piel y su carne y eran venerados por su conexión poderosa con el mundo espiritual. En el sudoeste estadounidense, varios grupos, entre ellos los zunis, los navajos y los apaches, aún consideran a los pumas animales espirituales.

En muchas tradiciones indígenas estadounidenses, el puma recibe el apodo de «el silencioso». Se lo ve como un cazador astuto que ataca velozmente y mata rápido y, por ello, representa liderazgo y fortaleza. Además, su naturaleza protectora en la crianza de los cachorros es símbolo de devoción y protección maternas. Algunos grupos, como los apaches y los hualapai del sudoeste estadounidense, consideran que el puma es un mensajero del mundo espiritual y creen que los gritos de un puma son una señal de muerte inminente.

Actualmente, en la cultura contemporánea, especialmente en los deportes, encontramos imágenes de pumas que representan fuerza y velocidad. La Universidad Brigham Young de Utah, la Universidad Mount Royal de Calgary, el Columbia College de Missouri, y muchas otras escuelas exhiben con orgullo un puma como mascota de sus equipos deportivos. El puma Butch T. es la mascota de la Universidad del Estado de Washington, en Pullman; el puma Clyde representa al Colegio de Charleston de Carolina del Sur; y el puma Eddie congrega admiradores en la Universidad del Sur de Illinois, en Edwardsville. De 1947 a 1989, la mascota de la Universidad

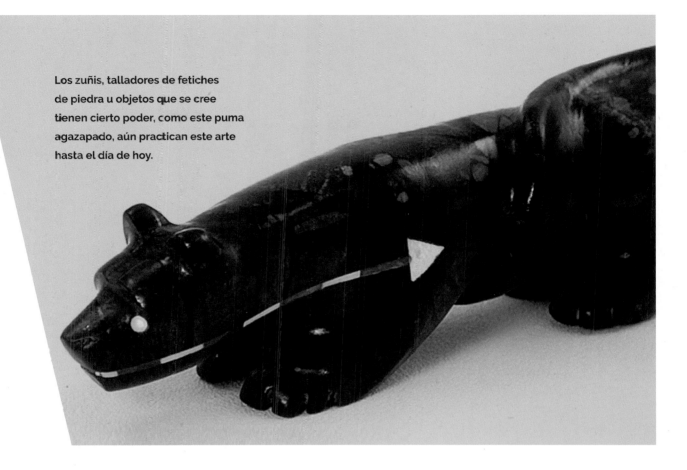

Los zuñis, talladores de fetiches de piedra u objetos que se cree tienen cierto poder, como este puma agazapado, aún practican este arte hasta el día de hoy.

de Houston era un puma vivo. A lo largo de los años, cinco diferentes pumas en cautiverio desempeñaron el papel de Shasta, hasta que en 1989, el colegio decidió usar un disfraz de puma.

En la historia antigua de Estados Unidos, los pumas prosperaron en los estados del este. Allí los llamaban panteras. Por esta razón, el equipo de la Liga Nacional de Fútbol de Charlotte, Carolina del Norte, se llama Carolina Panthers, y el equipo de la Liga Nacional de Hockey de Sunrise, Florida, se llama Florida Panthers. Los logos de ambos equipos contienen los largos bigotes y el gesto de rugido característicos de un puma al ataque. Incluso una compañía de calzado deportivo, Puma, eligió al famoso felino salvaje para su nombre y su logo muestra a un puma saltando.

Durante más de tres décadas, de 1967 a 2002, el Mercury Cougar de la Ford Motor Company fue la piedra angular del imperio de este fabricante de automóviles. El Cougar (puma en inglés), presentado como un «auto musculoso», un vehículo deportivo con motor potente, dio origen al logo del Mercury: el «cartel del felino», que era un puma rugiente sobre un letrero de Ford/Mercury. Este símbolo proyectaba la imagen de liderazgo de la compañía en la industria de los autos deportivos de EE. UU.

Una imagen menos temible del puma se presentó en 1959, cuando el estudio de animación estadounidense Hanna-Barbera presentó al León Melquíades, un puma que usaba corbata de moño. El León Melquíades era naranja en su primer dibujo animado, *Ovejívoro trasquilado* (presentado en *El Show de Tiro Loco McGraw*), pero fue color rosa por el resto de su carrera, que incluyó apariciones en los comerciales de los Krispies de chocolate de Kellogg's, en la década de 1960. Desde finales de la década de 1970, el León Melquíades dejó de aparecer de manera regular en la televisión, pero ocasionalmente se lo puede ver en *El Show del Oso Yogui* y en *El Show de Tiro Loco McGraw*, que están **sindicados** en varias cadenas televisivas de EE. UU. y Canadá.

Un personaje quizás más conocido que el León Melquíades es la Pantera Rosa, que apareció por primera vez en 1964. Este puma silencioso con gran sentido del humor y un andar sigiloso fue la estrella principal de más de 120 dibujos animados, 10 programas de televisión y 3 especiales de TV. Uno de los programas más recientes, *La pandilla de la Pantera Rosa*, formó parte de la programación de Cartoon Network en 2010. Aunque la Pantera Rosa jamás enseñó los dientes

Como la Pantera Rosa nunca hablaba en los dibujos animados, tenía que expresarse con el lenguaje corporal.

ni le gruñó a nadie, mostraba la paciencia y la astucia características de los pumas verdaderos.

Si bien no es un puma de verdad, Thomas Fireheart — mejor conocido por los admiradores del universo del Hombre Araña como el personaje sobrehumano llamado Puma — conoce a la perfección la fortaleza y la velocidad de estos increíbles felinos. Presentado por primera vez como villano en el cómic *El sorprendente Hombre Araña*, en 1984, Puma posteriormente apareció como aliado del Hombre Araña. Con garras y colmillos muy afilados, Puma también ha prestado su agilidad combativa a las series de *Los Vengadores*, *X-Men* y *Marvel Divas*.

En áreas naturales protegidas, la gente puede encontrarse con pumas en lugares inesperados, como encima de los tejados.

Los ojos del puma están orientados hacia delante, lo que le permite al felino enfocarse en un solo objeto y calcular la distancia— algo fundamental para cazar.

El timbre postal canadiense de 12 centavos de 1977 tenía a un puma en posición típica de caza, listo para atacar.

Unos pumas menos intimidantes son los que aparecen en el cuento para niños *The Phantom Puma* (2008) de Jane Gilley, y el cuento de literatura juvenil *Topa and the Path of the Puma* (2008) de Patti Suits, sobre dos niños que viven en una región de pumas en la Cordillera de los Andes. La serie clásica de libros de Jean Craighead George, de la década de 1960, *Thirteen Moons*, que recientemente fue reeditada con el título de *Seasons of the Moon* (2001–02), incluye una historia sobre un puma macho que «adopta» a dos cachorros de puma huérfanos, y la serie de libros de aventura de C. W. Anderson, *Billy and Blaze*, (cuyos personajes son un niño y su caballo), incluye la reedición del libro de 1993, *Blaze and the Mountain Lion*.

Pero los encuentros con los pumas no se limitan a las historias de ficción. Para la gente del oeste de Estados Unidos existe la posibilidad de cruzarse en el camino con un puma de verdad, por ello en años recientes se han publicado muchos libros sobre la relación entre los humanos y los pumas. *The Beast in the Garden* (2003), de David Baron, explora qué sucede cuando las zonas suburbanas se extienden dentro de las poblaciones existentes de pumas. Las áreas verdes pensadas para atraer a los venados y otros mamíferos pequeños a fin de brindar a los barrios un entorno natural inevitablemente atraen también a depredadores como el puma, con consecuencias desafortunadas, si los pumas atacan no solo al venado sino también a las mascotas de las personas en los patios traseros de sus casas.

Encuentros cercanos con el puma

Los primeros verdaderos felinos, o félidos, **evolucionaron** hace aproximadamente 25 millones de años y migraron a todas partes del mundo. Hace unos 20 millones de años, un grupo de ancestros de los félidos llamados *Pseudaelurus* empezaron a surgir en Europa y Asia.

Estas criaturas evolucionaron a lo largo de los siguientes 12 millones de años y algunas especies se desplazaron hacia América del Norte a través del **puente de tierra** de Beringia. En un inicio, tenían aproximadamente el mismo tamaño que los pumas modernos. Conforme fueron dirigiéndose hacia el sur y se adentraron en América Central y del Sur para huir de los efectos de la era glacial que se estaba extendiendo por toda América del Norte, se convirtieron en ágiles trepadores en las densas selvas tropicales.

Hace aproximadamente 8.000 años, a medida que los glaciares, o enormes capas de hielo, que cubrían América del Norte retrocedían y el

Algunas reglas a seguir en una región de pumas es llevar un bastón, mantener a los niños cerca, no andar en bicicleta ni correr.

clima volvía a ser más cálido, algunos pumas migraron hacia el norte. Estas especies cambiaron poco conforme se distribuyeron por el vasto hábitat y dieron origen a los pumas que actualmente conocemos. Otros félidos prehistóricos permanecieron en sus hábitats tropicales y evolucionaron en ocho subespecies de jaguarundis y otros parientes más lejanos del puma como el jaguar, el ocelote y el margay.

Si bien los pueblos indígenas respetaban a los pumas y se les permitió florecer durante cientos de años, esto empezó a cambiar en el siglo XVI. Los exploradores y colonizadores europeos vieron de inmediato en el puma a un competidor por las presas y una amenaza para el ganado doméstico y, por ello, se propusieron acabar con este animal. La caza del puma a cambio de una recompensa comenzó en el siglo XVI, cuando los sacerdotes jesuitas del sur de California ofrecían a los indígenas una recompensa, o premio, de un toro por cada puma que mataran. Posteriormente, muchos estados del este, entre ellos Connecticut, Pennsylvania y Massachusetts, también establecieron recompensas por cazar pumas. Para mediados del siglo XIX, el puma había sido exterminado en gran parte de los dos tercios orientales del país.

Solo sobrevivieron poblaciones dispersas, con avistamientos reportados en Maine, Virginia, Virginia Occidental, Georgia y Florida. Cincuenta años más tarde, estos pumas también habían desaparecido por completo, excepto por una pequeña población que permanecía escondida en los pantanos del sur de Florida.

Como en el siglo XIX el oeste de Estados Unidos todavía permanecía relativamente poco poblado por colonizadores blancos, los pumas pudieron prosperar en ese entorno agreste. Sin embargo, conforme los colonos se

Los guardaparques aconsejan a la gente que si se topan con un puma deben extender y mover los brazos para verse más grandes y jamás darle la espalda y empezar a correr, porque eso lo invita a perseguirnos.

fueron desplazando hacia el oeste, el puma parecía ser un estorbo. El principal movimiento del oeste en contra de los pumas comenzó en 1888, cuando Utah clasificó a los pumas como «animales detestables». Muchos estados — entre ellos, Washington, California, Colorado, Idaho y Nuevo México — y la Columbia Británica de Canadá siguieron el ejemplo y establecieron recompensas. Como resultado, la cacería de pumas se intensificó y estos felinos estuvieron en peligro de ser sistemáticamente erradicados de América del Norte.

A mediados del siglo XX, un movimiento ambientalista y conservacionista instó a las personas a mirar al puma con otros ojos. El estatus del felino se cambió legalmente de animal depredador a animal para la caza deportiva, lo que significaba que ahora los cazadores de pumas necesitaban un permiso y se restringía la cantidad de ejemplares que podían matar. Lentamente, las poblaciones de pumas en el oeste empezaron a aumentar. Las cifras actuales varían según el estado y son difíciles de confirmar, pero California, Colorado, Oregon y Texas parecen tener las poblaciones más grandes (se estiman de 4.000 a más de 60.000 cada uno), seguidos por Nuevo México (con unos 3.500). Los científicos calculan que en Florida existen tan solo unos 200 pumas.

Al principio, los esfuerzos para salvar al puma parecían valer la pena, pero después de 1990, cuando California se convirtió en el único estado en proteger legalmente a esta especie, surgió un debate relacionado con el estatus de protección de este felino salvaje en otros estados.Quienes se oponían argumentaban que prohibir la cacería de este felino tendría graves efectos sobre los animales de presa en los hábitats del puma. Este debate aún continúa, particularmente en Texas, donde a los ganaderos les preocupa que el aumento de los pumas ha provocado una

En trece estados de la
EE. UU. está permitido
cazar pumas por deporte,
con requisitos y
restricciones variadas.

disminución de las poblaciones de venados, alces, puercoespines y otras presas favoritas, lo que a su vez hace que los pumas recurran al ganado doméstico para alimentarse. Los ganaderos han solicitado un aumento de los permisos para cazar pumas.

En estados densamente poblados como California y Washington, comprender los efectos de los encuentros entre los humanos y los pumas suele ser el foco de las investigaciones en torno a este felino. Desde 1890, los pumas de América del Norte han atacado de muerte a los humanos solo unas 25 veces. Los perros domésticos son responsables de 10 a 20 muertes humanas cada año y las abejas matan, en promedio, a 53 personas por año. Las probabilidades de ser atacado por un puma son comparativamente muy bajas; sin embargo, la interacción entre humanos y pumas está aumentando.

Para aprender sobre las migraciones y los hábitos de caza de los pumas cerca de áreas urbanas, los investigadores capturan, marcan y rastrean a los pumas. Al igual que muchos organismos de administración de vida silvestre en el oeste de Estados Unidos, el Departamento de Caza y Pesca de Arizona lleva a cabo estudios sobre los pumas. Los investigadores le aplican un tranquilizante al puma para dormirlo. Luego colocan un **radio collar** alrededor del cuello del felino. Dichos collares pesan alrededor de 2 libras (0,9 kg). Están hechos de varias capas de material de alta resistencia para correas, tienen dos antenas pequeñas arriba, un compartimiento de aluminio para la batería — que puede

Los ojos de un puma bajo los efectos de un tranquilizante permanecen abiertos mientras el felino está dormido y pueden necesitar que los investigadores los humedezcan.

durar hasta dos años —y un dispositivo rastreador con **Sistema de Posicionamiento Global** (GPS) en la parte inferior. El transmisor del GPS envía datos sobre los movimientos del animal a los **satélites** y esto permite a los investigadores monitorear al puma en la naturaleza.

Estos datos se usan para ayudar a los administradores de vida silvestre y a los conservacionistas a crear estrategias para equilibrar las necesidades de los pumas y de los humanos. En zonas rurales de Nuevo México, Colorado y Texas, donde los ganaderos son los propietarios de gran parte de la tierra, los terratenientes cazan —y venden permisos para cazar— dentro de sus propiedades. En muchas partes del sudoeste, la caza excesiva de venados, alces, pecaríes y otros tipos de presas del puma ha provocado la disminución de estas especies, obligando a los pumas a ir tras otra fuente de alimento más grande, pero más accesible: el ganado. La investigación de las conductas del puma puede ayudar a los ganaderos y a los pumas a convivir en paz, en lugar de ser competidores.

Los encuentros entre pumas y humanos también suceden en las áreas urbanas. La **deforestación** provocada por el desarrollo urbano, la tala, la minería y la agricultura divide los hábitats del puma en pequeñas secciones, lo que obliga a los pumas a dirigirse a zonas pobladas en busca de alimento. Aunque los pumas prefieren evitar a los humanos, un puma hambriento no diferencia entre un venado bura y un ciclista en el sendero de un parque. En la interacción de pumas y humanos ha habido tragedias, pero como gran depredador, el puma es vital para la salud de su comunidad montañesa. Los investigadores apenas han empezado a desvelar los misterios del puma, un felino increíble con más secretos por revelar —solo si aprendemos a sobrevivir juntos.

Cuento de animales:
Por qué el puma es largo y esbelto

El puma es un cazador fuerte y elegante. Este cuento indígena estadounidense de la tribu Pies Negros del noroeste de Estados Unidos explica cómo el puma llegó a tener un cuerpo esbelto y una cola larga.

Hace mucho tiempo, el puma era bajo y redondo como un tejón. Tenía una cola corta y esponjosa y un pelaje sedoso. El puma rara vez cazaba y, en cambio, prefería robarse la comida de otros.

El creador de todas las aves y animales del mundo se llamaba El Viejo. Un día, cuando El Viejo caminaba por el bosque, vio a algunas ardillas jugando a perseguirse alrededor de una fogata. El Viejo observó desde atrás de un árbol cómo el grupo de ardillas atrapó a una de ellas y la tumbaron al suelo. La cubrieron con cenizas calientes, pero en cuanto la ardilla sepultada empezó a chillar, las demás la desenterraron. Luego, las ardillas eligieron a otra ardilla para que fuera la víctima y la persiguieron y enterraron de igual forma que a la anterior.

Este juego tonto siguió durante un buen rato. Mientras observaba, El Viejo empezó a sentir hambre. Y se le ocurrió una idea. Salió de su escondite atrás del árbol y les preguntó, «¿Puedo jugar con ustedes?»

Al principio, las ardillas tenían miedo, pero pronto estaban persiguiendo a El Viejo alrededor del fuego. Cuando lo atraparon, lo tumbaron y lo cubrieron con cenizas calientes. Cuando El Viejo gritó, las ardillas lo desenterraron. Entonces, El Viejo persiguió a las ardillas. Pero, en lugar de atrapar solo a una, las atrapó a todas y las enterró bajo las cenizas calientes. Cuando ellas gritaron, él les arrojó aún más cenizas calientes.

Pronto, las ardillas se cocinaron muy bien y El Viejo empezó a disfrutar del banquete. Apenas se había comido a la mitad de las ardillas cuando le dio sueño y se acurrucó en el suelo para tomar una siesta.

Justo en ese momento, el Puma pasaba por ahí. Espiando, el Puma vio a las adorables ardillas asadas y no pudo resistirse de robárselas a El Viejo. Después de comerse todas las ardillas, el Puma corrió a esconderse de El Viejo, pues sabía que se enojaría.

Cuando El Viejo se despertó y descubrió que le habían robado, sí que estaba furioso. Siguió las huellas del Puma por el bosque hasta que encontró al felino durmiendo sobre una roca, en lo alto de una cornisa. El Viejo puso su bota sobre la nuca del puma y agarró la cola del puma entre sus manos.

«¿Qué haces?», gritó el Puma.

«¡Te robaste las ardillas que me iba a cenar!», gritó enfurecido El Viejo. «Yo creo que es hora de darte una lección». Y, así, empezó a jalar la cola del Puma sin dejar de pisarle la nuca con su bota.